FELIX QUI POTUIT.

LE NOBLE,

CONTE.

LE NOBLE,

CONTE.

——————— Vous mettez la grandeur
Dans les blazons: je la veux dans le cœur.
L'Homme de bien, modeste avec courage,
Et la Beauté spirituelle, sage,
Sans bien, sans nom, sans tous ces titres vains,
Sont à mes yeux les premiers des Humains.

Voltaire, dans NANINE. Acte I. Sc. I.

LONDRES,

MDCCLXXI.

DISCOURS
PRÉLIMINAIRE.

Le Noble, imprimé autrefois à Paris, est peu connu en Allemagne ; voilà ce qui m'a engagé à en donner une Edition, au moyen de laquelle ce Conte charmant pourra s'y répandre davantage. Il paroît avoir été composé principalement pour cette partie de l'Europe, où le ridicule qu'il attaque est dans sa plus grande vigueur. Personne n'ignore qu'aucune sorte de mérite n'y tient lieu d'ancêtres. Ayez sur un homme à Seize - Quartiers la supériorité d'esprit & de sentiment la plus décidée, qu'il soit même assez heureusement né pour la sentir & la reconnoître, malgré cela il vous regardera toujours comme son inférieur, puisque vous n'avez pas reçu com-

me lui en naiffant le privilége de marcher fur des échas-
fes. La plûpart des Barons & des Comtes d'Empire
eftiment qu'Apollon fait le métier d'un manant, & trai-
tent les Mufes en petites Bourgeoifes qui ne font pas
faites pour être reçues dans la bonne compagnie. La
barbarie, où une partie confidérable de cette nation,
d'ailleurs fi éclairée, eft encore plongée à cet égard,
paffe toute croyance.

DANS la Capitale d'un pays dont un Prince qui eft
un grand homme fut le fauveur & l'appui pendant la
derniere guerre, on projetta de faire une illumination à
l'honneur de ce Héros qui y étoit attendu, la *Nobleffe*
refufa d'illuminer, à caufe que ce grand homme n'étoit
pas un Prince *régnant*.

UNE Dame de cette même Ville s'entretenant avec un
Eccléfiaftique, homme d'efprit & connu par d'excellens
Ouvrages, lui dit : „ feroit-il bien vrai, Monfieur, que
„ dans l'autre monde tous les rangs feront confondus ?
„ Mon Dieu! on eft fi peu habitué à voir toute forte de
„ gens, comment s'y feroit-on ? Tranquillifez-vous, Ma-
„ dame, reprit l'Eccléfiaftique, il y aura des balcons
„ pour les Dames. ”

Je m'abſtiens de rapporter un plus grand nombre d'anecdotes de cette nature, que j'ai recueillies en parcourant l'Allemagne, parce qu'elles ſont trop révoltantes & que je ne pourrois les écrire ſans dégoût.

Les perſonnes de diſtinction en Allemagne voudroient l'être en tout point. Ils ne parlent pas la langue de leur pays pour n'avoir pas un idiome commun avec la *canaille* qui les entoure : s'il étoit poſſible, ils auroient encore une autre patrie. Il réſulte de là que vous rencontrez à chaque pas un des Maſques groteſques de Rome, de Paris ou de Londres, & que vous ne voyez preſque jamais un Etre humain qui en ait les manieres, & les ſentimens.

Quand ces illuſtres perſonnages apprirent qu'il y a en France des gens de qualité qui s'amuſent à la lecture des Ouvrages de *Voltaire*, de *Chaulieu*, de *Greſſet*, de *Dorat*, ils eſſayerent auſſi de trouver cela divertiſſant. Maintenant il y en a pluſieurs qui ſçavent par le canal de Mr. de *Voltaire* qu'il a exiſté un *Leibnitz*, & par celui de *Dorat*, que *Wieland* eſt un nom d'homme : ils ignorent d'ailleurs juſqu'aux noms des plus grands Génies de la nation. Quant à leurs Ouvrages, je doute qu'ils les liſent jamais dans les originaux ; car qui au monde

les avertiroit que cela doit leur plaire? L'unique expé-
dient que je sache imaginer seroit, que Monsieur le Duc
de *Nivernois*, ou le C. de *B.* étudiât l'Allemand & pu-
bliât ensuite un Ecrit, dans lequel il attesteroit que le
sentiment, *l'esprit*, *la bonne plaisanterie*, & *l'élégant
badinage* peuvent s'exprimer dans cette Langue : à moins
de cela *Klopstock*, *Wieland*, *Ramler* & *Gleim* auront beau
être *Homere*, *Lucien*, *Tibulle*, *Horace*, & *Anacréon*,
ils ne leur arracheront ni un sentiment ni un sourire.

DANS ces bonnes têtes le bon sens ressemble exacte-
ment à l'esprit : j'en dirois volontiers quelques mots,
mais je m'apperçois que pour un petit Conte ma préface
est déjà trop longue : je pourrai à une autre occasion re-
venir sur la même matiere.

Londres, le 2 de Novembre 1770.

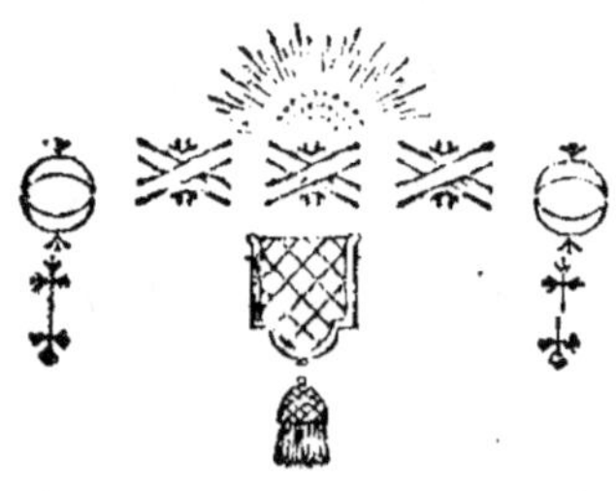

LE NOBLE,

CONTE.

IL y avoit dans une des Provinces de France un château très-ancien, habité par un vieux rejetton d'une famille encore plus ancienne. Le Baron d'*Arnonville* étoit très-fenfible au mérite de cette ancienneté, & il avoit raifon, car il n'avoit pas beaucoup d'autres mérites : mais fon château fe feroit mieux trouvé d'être un peu plus moderne. Une des tours combloit déjà une partie du foffé; on ne voyoit dans le refte qu'un peu d'eau bourbeufe, & les grenouilles y avoient pris la place des poiffons. Sa table étoit frugale, mais tout autour de fa falle à manger régnoient les bois des cerfs tués par fes ayeux. Il fe rappelloit les jours gras qu'il avoit droit de chaffe, les jours maigres, qu'il avoit droit de pêche, & content de ces droits il laiffoit fans envie manger des faifans & des carpes aux ignobles financiers. Il dépenfoit fon modique revenu à pouffer un procès pour le droit de pendre fur fes terres, & il ne lui feroit jamais venu dans l'efprit qu'on pût faire un meil-

A 5

leur ufage de fon bien, ni laiffer à fes enfans quelque chofe de mieux que la haute & baffe jurifdiction. L'argent de fes menus plaifirs, il le mettoit à faire renouveller les Ecuffons qui bordoient tous les planchers, & à faire repeindre fes ancêtres.

La Baronne *d'Arnonville* étoit morte depuis longtems, & lui avoit laiffé un fils, & une fille qui s'appelloit *Julie*. Le jeune Seigneur avoit également à fe plaindre de la nature & de l'éducation ; cependant il ne fe plaignoit pas. Content du nom *d'Arnonville*, & de la connoiffance de l'arbre généalogique de fa maifon, il fe paffoit de talens & de fcience. Il chaffoit quelquefois, & mangeoit fon gibier avec les filles du cabaret voifin ; il buvoit beaucoup, & jouoit tous les foirs avec fon domeftique. Sa figure étoit défagréable, & il eût fallu de bons yeux pour découvrir chez lui ces traits, qui, felon quelques-uns, annoncent infailliblement une illuftre naiffance. *Julie* au contraire avoit de la beauté, des graces, & de l'efprit. Son pere lui avoit fait lire des traités de blazon, qu'elle ne goûroit guere, & elle avoit lu quelques romans qu'elle goûtoit beaucoup plus. Le féjour qu'elle avoit fait chez une Dame de fes parentes dans la Capitale de la province, lui avoit donné quelque ufage du monde : il n'en faut pas beaucoup pour rendre polie une perfonne qui a l'efprit pénétrant, & le cœur bon.

Un Peintre qui copioit fes grands-peres & leurs Quartiers, lui avoit donné des leçons de Deffin ; elle peignoit des payfages, & brodoit des fleurs ; elle travailloit avec adreſſe, elle chantoit avec goût, & comme ſa figure n'avoit beſoin ni de beaucoup d'art ni de beaucoup de magnificence, on la trouvoit toujours bien parée. Elle étoit fort vive & fort gaie, quoique tendre, & il lui échappoit quelquefois des railleries ſur la Nobleſſe; mais le reſpect & l'amitié qu'elle avoit pour ſon pere les modéroient toujours. Son pere l'aimoit auſſi, mais il auroit ſouhaité qu'au lieu de fleurs elle brodât ſur les écrans des Armoiries; qu'au lieu de *Télémaque* & de *Gilblas* elle étudiât les parchemins rongés qui conſtatoient les titres de la famille. Il étoit fâché de voir que dans ſa chambre les eſtampes modernes fuſſent près de la fenêtre, tandis que les vieux portraits étoient relégués dans un coin obſcur; & ſouvent il l'avoit grondée de ce qu'elle préféroit une jolie & aimable Bourgeoiſe des environs à une Demoiſelle, auſſi laide que noble & mauſſade, qui demeuroit dans le voiſinage. Il auroit voulu qu'elle ne cédât le pas qu'à bonnes enſeignes, & ſelon la date des diplômes; mais *Julie* ne conſultoit jamais les diplômes, elle cédoit toujours à l'âge, & auroit mieux aimé qu'on la crût roturiere qu'arrogante. Par étourderie elle auroit paſſé devant une Princeſſe; par indifférence & par civilité elle eût laiſſé paſſer tout le monde devant elle. Quand le Baron *d'Arnonville* vouloit détourner ſes enfans d'une choſe qu'il condamnoit, il diſoit toujours: cela ne convient pas à une perſonne de votre rang; cela ne répond pas à la nobleſſe de votre origine. Il n'employoit jamais aucun argument pour leur faire faire quoi que ce fût, ne penſant pas que la parfaite inutilité fût indigne de la haute naiſſance, ni que ce fût déroger que n'être bon à rien.

Julie ne vouloit point avoir trop d'eſprit; & voilà pourquoi ce qu'elle en avoit plaiſoit davantage. Elle ſçavoit peu, mais on voyoit que c'étoit faute d'occaſion de pouvoir apprendre; ſon ignorance n'avoit point l'air de la ſtupidité. Une phyſionomie vive, douce, & riante approchoit d'elle tous ceux qui la voyoient, & ſon abord gracieux achevoit la prévention qu'avoit fait naître ſa phyſionomie. Si elle eût affecté un air de grandeur & de réſerve, elle auroit fait faire d'autant plus de pas en arriere que ſon air en avoit plus fait faire en avant. Nous voulons plaire d'abord à une perſonne qui nous plaît: ſi elle nous reçoit mal, elle nous mortifie: irrités contre elle nous nommons dédain ce qui n'eſt peut-être que mauvaiſe habitude; elle nous a ſouvent perdus pour toujours.

Julie avoit beaucoup plu à une Dame de Paris, qui l'avoit vue chez la parente dont j'ai parlé: elle la pria de venir paſſer quelque tems chez elle à la campagne. *Julie* obtint la permiſſion de ſon pere; il lui recommanda de ſe ſouvenir de ce qu'elle étoit, & *Julie* partit. Cette Dame étoit fort riche; elle avoit un fils unique qui cependant étoit aimable, & bien élevé. Il étoit très-bien fait, *Julie* étoit belle: Ils ſe plurent dès qu'ils ſe virent, & ils ne ſongerent d'abord ni à ſe le dire, ni à ſe le cacher. Peu à peu ils ſe le firent entendre, & ils ſe trouverent encore plus aimables quand ils ſçurent qu'ils ſe plaiſoient. En compagnie, à table, à la promenade, *Va-*

laincourt difoit fouvent tout bas, ou à mots couverts, quelque tendreffe à *Julie* : mais dès qu'ils étoient feuls, & qu'ils auroient pu tout dire, il ne lui parloit pas. Elle en étoit furprife, mais pourtant contente ; elle avoit lu, ou elle devinoit que l'amour eft timide quand il eft ardent & délicat ; aucun difcours ne lui auroit fait tant de plaifir que ceux de fon Amant, mais elle aimoit encore mieux fon filence. *Valaincourt* avoit, outre les raifons que *Julie* fentoit, un motif de fe taire qu'elle ne fçavoit pas. Elle avoit vu qu'il avoit les yeux grands, les cheveux blonds, les dents belles : elle lui avoit trouvé beaucoup de douceur & d'efprit : elle avoit re-marqué de l'ordre, de la décence, & de l'opulence dans fa maifon, mais elle avoit oublié de demander lequel de fes Ancêtres avoit été fait Noble. Malheureufement c'étoit fon pere, qui par de grands fervices & de gran-des vertus avoit mérité cette diftinction. Les Sages diroient que, quand c'eft de cette façon qu'on a acquis la Nobleffe, la plus nouvelle eft la meilleure ; que le premier Noble de fa race doit être le plus glorieux d'un titre dont il eft l'auteur : que le fecond vaut mieux que le vingtieme, & qu'il y avoit à préfumer que *Va-laincourt* reffembleroit plus à fon pere que *Julie* à fon trentieme Ayeul. Mais les Sages ne font pas juges com-pétens de l'ouvrage du préjugé. *Valaincourt* connoiffoit le préjugé ; il fçavoit jufqu'où le portoit le pere de *Julie*. Le tems de fon départ approchoit ; tous deux ils étoient affligés, & ils en étoient plus tendres. Un foir ils fe rencontrerent dans un corridor où il n'y avoit point de lumiere. *Valaincourt* prit la main de *Julie*, & la baifa plus vivement qu'il n'avoit encore fait ; car il l'avoit déjà baifée, & *Julie* depuis plufieurs jours otoit fes gants quand elle croyoit devoir donner la main à *Va-laincourt*. Le jour fuivant ils fe trouverent dans le mê-me corridor, & dans la même obfcurité ; alors *Valain-court* prit un baifer à *Julie*, & *Julie* qui n'aimoit pas à refufer ce qu'elle pouvoit donner fans peine, le laiffa prendre. *Valaincourt* lui en prit un fecond plus ten-dre, puis encore un . . . . . Heureufement c'étoit le der-nier foir . . . . . Le lendemain *Julie* partit.

TANT qu'elle avoit été avec *Valaincourt* elle n'avoit fongé qu'au plaifir de le voir, & de l'entendre : quand elle ne le vit plus, elle fentit la douleur d'en être fépa-rée : elle penfa aux moyens de le revoir & de le voir toujours. Je ne fçai ce qu'elle fentit & penfa encore ; mais par bonheur le jeune homme penfoit aux mêmes chofes de fon côté.

UN jour comme elle brodoit feule, il entra ; elle fe fouvint du corridor & rougit. *Valaincourt* ne parut pas s'en fouvenir, tant il mit de refpect dans fa façon de l'aborder. Avec une femme qu'on eftime, qui a l'air modefte & décent, un homme met prefqu'en doute les faveurs qu'il en a reçues. *Valaincourt* ne pouvoit pas croire qu'il eût ofé toucher de fes lèvres le vifage de cette divinité. Après les premiers complimens il re-tomba dans fon filence. *Julie* ne fe croyoit plus du tout impofante ; elle trouvoit qu'il en avoit affez vu pour n'être plus fi timide, & penfant qu'il devoit appercevoir

une partie de ce qu'elle fentoit, elle fe fâcha de ce filence. A fa place, fe dit-elle, il me femble que je par-
lerois. En même tems elle fe leva pour fonner. Elle
ordonna du caffé au domeftique, & de prier fon pere
d'en venir prendre en cas qu'il fût au logis. *Valaincourt*
comprit ce qui fe paffoit dans l'ame de *Julie*, & lui dit :
Ah ! Mademoifelle, qu'il eft difficile de parler quand des
mots qu'on va prononcer dépend peut-être toute notre fé-
licité, ou tout notre malheur !.... Si je m'y prenois mal !....
Ah ! grand Dieu ! Si je ne difois pas ces mots qui vous
perfuaderoient !.... *Julie*, adorable *Julie*, dites .....
que faut-il que je dife ! Quels difcours, quels motifs,
quelles affurances pourroient vous engager à vous donner
à moi ? Ah ! *Valaincourt*..... dit *Julie* avec un regard,
& un foupir, qui promettoient tout, qui répondoient à
tout ce qu'il auroit voulu dire.

Valaincourt qui les entendoit n'en demanda pas davantage ; hors de lui-même il prend fes mains, & les
baife avec tranfport : il ofe même, il ofe en plein jour
preffer fa bouche fur la fienne : le pere eût pu entrer,
mais ils n'y penfoient pas ; qu'auroient-ils prévu,
qu'auroient-ils craint dans leur délire ? Il fut court cependant ; *Julie* s'allarma de l'ardeur de fon Amant, &
de fa propre complaifance : laiffez, laiffez-moi, dit-
elle, *Valaincourt*, nous nous oublions. Dans ce moment, ils entendirent du bruit, & fe hâterent de fe
raffeoir : *Julie* baiffa la tête fur fon ouvrage pour cacher
fon défordre ; le jeune homme alla au devant de Monfieur *d'Arnonville* avec un air de foumiffion qui parut

le prévenir en sa faveur. J'ai pris, Monsieur, la liberté
de venir voir Mademoiselle votre fille, avec qui mon
bonheur m'a fait faire connoissance. — N'aviez - vous
jamais vu mon château? — Non, Monsieur, je n'avois
jamais eu de prétexte pour oser venir vous rendre mes
devoirs. — Il mérite bien, qu'on le voie, dit le vieux
Seigneur. Un Baron *d'Arnonville* dont le Trisayeul
avoit été créé Chevalier sous *Clovis* le fit bâtir en 624.
Il n'est pas étonnant qu'il le fît faire aussi vaste que
vous le voyez ; dans ce tems - là la Noblesse étoit res-
pectée, comme elle doit l'être ; elle étoit riche & puis-
sante ; aussi étoit - elle bien plus pure & bien plus rare
qu'aujourd'hui. A présent c'est une récompense ordi-
naire ; rien n'est si commun, & je ne fais nul cas de
ces petits Nobles sans Ayeux....... Nous en avons,
dit *Julie*, depuis le grenier jusqu'à la cave. Et la
plupart des anciennes familles, continua le Baron, se
font corrompues par des mésalliances. Il en est bien
peu, j'ose le dire, qui se soient, comme les *d'Arnonville*, soutenues dans toute leur pureté ; aussi j'espere
bien que mes enfans..... C'est sans doute, interrom-
pit le jeune homme qui n'y pouvoit plus tenir, c'est
sans doute une satisfaction, & un motif de plus pour
être vertueux, que de trouver dans ses Ancêtres des
exemples de vertu, & d'amour pour la patrie. Quand
on joint à un grand nom un grand mérite, & qu'au
lieu de la vanité.... Puisque vous n'avez jamais vu
le château, vous n'avez jamais vu les portraits ; il faut
que je vous les montre, cela ne pourra que vous être

utile pour l'étude de l'hiſtoire. Monſieur, voulez-vous
me ſuivre? Mademoiſelle nous accompagne-t-elle?
dit *Valaincourt* d'un ton affligé: Non, répondit en
riant *Julie:* j'ai aſſez vécu avec mes grands-peres &
je les connois bien. *Julie* reſta à ſon ouvrage, ou
plûtot à ſa rêverie. Dieu! qu'elle étoit agréable! jamais moment de ſolitude n'avoit été pour elle plus
délicieux. Mais que *Valaincourt* étoit triſte! Le Baron, à qui il plaiſoit, ne lui épargnoit pas un portrait,
pas un écuſſon, pas une anecdote, & chaque portrait,
chaque écuſſon amenoit une réflexion qui perçoit le
cœur du pauvre *Valaincourt.* Ce n'eſt pas qu'il fût
mortifié d'une ſi ridicule oſtentation; il n'auroit pas
voulu tenir ſa Nobleſſe du Roi *Ninus* à la charge d'être
auſſi vain, & auſſi ſot que le Baron *d'Arnonville*, mais
Julie. Enfin il entra dans ſa chambre & il treſſaillit.

PENDANT que le pere s'embarraſſoit dans l'hiſtoire du
premier de ſes Ancêtres que le pinceau eût tranſmis à
ſa poſtérité, *Valaincourt* parcouroit des yeux l'ouvrage
du goût de la fille. Il vit ſur une table un payſage qu'elle
avoit fini, un autre commencé, & parmi ſes pinceaux &
ſes couleurs il vit *Racine*, *Deshoulieres*, & *Tom-Jones.*
Il vit les belles eſtampes qu'elle préféroit aux vieux portraits, il vit des fleurs..... mais il ne vit plus rien de
tout le reſte quand il eut apperçu le portrait de *Julie.*
Il étoit crayonné en petit; il étoit reſſemblant. *Valaincourt*
ne ſongea plus qu'à détourner les yeux du pere. Quel
eſt cet homme reſpectable, dit-il, qui eſt là, Monſieur,
derriere vous? Le Baron ſe tourna: c'eſt celui dont je
vous ai tant parlé, n'avez-vous pas entendu? Ah! Mon-

B

fieur, pardon : je me le rappelle. *Valaincourt* avoit le portrait & ne defiroit plus rien ; mais voyant que le pere recommençoit, il prit le joli payfage qui étoit à fa bien-féance. Enfin ils fortirent de cette chambre, c'eft donc là, dit tout bas *Valaincourt* en la regardant encore, c'eft donc là qu'habitent, que repofent tant de charmes. C'eft donc là, dit le Baron, que font mes plus anciens portraits ; nous avons fini par ce qu'il y avoit de plus curieux, j'avois gardé ceci pour la bonne bouche. Vous avez bien raifon, Monfieur, dit *Valaincourt* qui fourioit malgré fa détreffe, il n'y a rien de fi précieux que les pein-tures de cette chambre, & puis il le remercia avec tou-tes les démonftrations de la reconnoiffance, mais il avoit la mort dans le cœur. N'eft-il pas vrai, dit *Julie*, lorf-qu'ils la rejoignirent, que je fuis riche en grands-peres ? Mes grandes-meres ne font pas belles, mais cela ne fait rien, elles font anciennes ; je compte me faire peindre bien des fois ; belle ou laide, dans trois cens ans mon portrait vaudra fon pefant d'or. Ah ! Mademoifelle, dit *Valaincourt*, votre portrait ne fera pas fi cher, fi pré-cieux qu'il l'eft aujourd'hui : alors peut-être la vanité le vénérera, aujourd'hui l'amour l'adore. — L'avez-vous vu, Monfieur ? — Oui, Mademoifelle, vous verrez que je l'ai vu comme je devois le voir ; j'ai vu auffi vos livres & vos payfages. — Ne vous êtes-vous pas fort amu-fé à voir mes Ancêtres ? — Non, Mademoifelle, je n'ai regardé que ce qui avoit rapport à vous. Ceci fe difoit à demi-voix. *Julie* fourioit & *Valaincourt* étoit bien aife de voir que la fille n'eût pas le même refpect pour l'ancienneté que fon pere. Il étoit tard, *Valaincourt* prit congé d'eux, & s'en alla. Ce jeune homme eſt-il ton Amant, dit le Baron à ſa fille ? — Je crois qu'oui, mon pere. — Penſe-t-il à t'épouſer ? — Oui, mon pere. — Eſt-il Gentilhomme ? — *Julie* n'en ſçavoit rien, mais elle le ſuppoſa & dit encore, oui — D'une ancienne famille? — Oui, mon pere. — D'où tirent-ils leur origine ? — De *Renaud de Montauban*, répondit *Julie* par un mouvement de gaîté plutôt que par politique. — Quoi ! ma fille, de *Renaud de Montauban !* Mon Dieu, que tu ferois heureuſe ! Quelle joie pour moi de te voir ainſi mariée ! En diſant cela il l'embraſſa avec une tendreſſe qui la déconcerta. Elle ſe repentit de lui en avoir impoſé ſur une choſe qui lui paroiſſoit ſi importante, & craignit les conſéquences de ſon badinage, s'il venoit à ſe découvrir. Elle s'indigna auſſi de tant de folie, & tous ces ſentimens enſemble l'agiterent ſi fort qu'elle fut obligée de ſe retirer. Elle s'aſſit dans ſa chambre les deux bras appuyés ſur ſa toilette, & ſa tête baiſſée ſur ſes mains. Mon pere ne demande pas, diſoit-elle, s'il eſt vertueux, s'il eſt ſage, s'il a le cœur bon ; il demande ſi ſa familte eſt ancienne..... ſur cette aſſurance il me donne à lui...... Ah ! ſi *Valaincourt* alloit n'être pas ſi noble, il me refuſeroit ! Il feroit d'autant plus inflexible que je l'ai trompé. Mon Dieu, quelle imprudence ! Mon Dieu, combien ne ſuis-je pas coupable ! Elle rêva encore quelque tems avec cette triſteſſe, puis ſe levant & ſe promenant par la chambre elle voulut regarder pour ſe diſtraire le payſage dont *Valaincourt* avoit parlé : ne le trouvant point elle alla à ſon portrait ; alors elle comprit ce que *Valaincourt* avoit voulu lui dire. Ce vol lui parut auſſi plaifant que tendre ; elle s'imagina voir fon pere difant d'un côté : voilà *Jean-François-Alexandre d'Arnonville*, pendant que *Valaincourt* penfoit : voici *Julie d'Arnonville*, il faut l'emporter. Quand une jeune fille fe voit tendrement aimée de fon Amant, fes chagrins font aifément adoucis ; ce fonds de joie rend fon cœur facile à s'égayer. *Julie* trouva que fi *Valaincourt* ne defcendoit pas de *Renaud*, il defcendroit de quelque autre ; qu'elle pourroit faire paffer fa tricherie pour une erreur ; que peut - être auffi il ne feroit pas impoffible d'en tirer parti ; qu'il faudroit prévenir *Valaincourt*, & concerter avec lui fa généalogie. Si les motifs raifonnables ne touchent pas mon pere, difoit-elle, ne me fera-t-il pas permis de le tromper un peu ? Devrions-nous être les victimes d'un préjugé fi ridicule ? Cette morale un peu relâchée l'accommodoit, elle s'y arrêta. Il lui vint dans l'efprit d'écrire à *Valaincourt* pour l'avertir. Elle prit l'écritoire, les plumes & le papier ; elle imagina le moyen de faire parvenir fa lettre, & je jurerois qu'elle auroit écrit fi elle eût été fure de fon ftile & de fon ortographe ; mais *Julie* paffa légérement fur fes véritables motifs de ne point écrire ; elle fe perfuada en remettant tout cet attirail, que la prudence, la réferve, la modeftie, le refpect des bienféances, l'arrêtoient. On vint appeller *Julie* pour le fouper. Déjà fon pere avoit fait part de fes efpérances au jeune Baron. A peine ils purent fe contenir en préfence des domeftiques ; dès qu'ils furent renvoyés on but à la fanté du defcendant de *Renaud* ; mais *Julie* ne pouvant fupporter le fpectacle de leur joie, fe retira encore une fois, également honteufe de fa faute & de leur

extravagance. Seule dans sa chambre elle se mit à pleurer. L'amour, le repentir, la crainte, l'espérance, se
confondoient dans son cœur & l'oppressoient. Une jeune
personne agitée par différens sentimens, quand elle ne
sçait plus comment les démêler, pour se tirer d'embarras
elle pleure. *Julie* ayant cessé de répandre des larmes,
le cahos qui l'accabloit se trouva presque dissipé; il ne
lui resta bientôt plus que l'idée de son Amant. Elle le
vit tel qu'il lui avoit paru au premier instant de leur
connoissance : elle se rappella les marques de sa tendresse;
elle se reprochoit tantôt d'y avoir trop répondu pour la
décence, puis de n'y avoir pas assez répondu pour l'a-
mour; enfin elle se coucha. *Julie* s'endormit malgré ses
tendres agitations; ses songes ne lui annoncerent rien de
fâcheux : le lendemain nul pressentiment ne la troubla,
elle passa la matinée à peindre dans sa chambre. Son
pere dînoit au château voisin, son frere chassoit, ainsi
elle étoit seule. Combien de fois ne souhaita-t-elle pas
que *Faldemont* vînt troubler cette solitude & mettre à
profit des momens qui couloient pour rien ? S'étant mi-
se à lire sur un banc de l'avenue elle le vit enfin venir, mais il étoit avec son pere. Il avoit regardé le
portrait de sa maîtresse une partie de la nuit, & une partie du jour, mais il voulut revoir sa maîtresse elle-même;
il se mit en chemin pour cela d'abord après dîner, &
rencontra Mr. *d'Armonville* qui retournoit chez lui. Le
Baron ne tarda pas à lui parler de la chose qui occupoit
uniquement son cœur. J'ai appris, Monsieur, lui dit-il,
après avoir bien fait des révérences, j'ai appris que vous
aimiez ma fille, & que vous songiez à l'épouser. *Valaine*

court étonné ne répondit à ce début que par une profonde inclination. La furprife, l'inquiétude étoient peintes fur fon vifage, & le rendoient muet. Mon fort va être décidé, difoit-il en lui-même. Bon Dieu! que va-t-il dire? Cet empreffement à lui parler de fon amour annonçoit un bonheur, ou un malheur extraordinaire. Il n'ofoit prefque écouter. Je fuis décidé depuis longtems, Monfieur, continua le Baron d'un air gracieux, à ne donner ma fille qu'à un homme d'une naiffance illuftre: les *d'Arnonville* ne feront deshonneur à aucune famille; ils peuvent prétendre à tout. Mes Ancêtres...... Ah! Monfieur, s'écria imprudemment l'amoureux *Valaincourt*, je connois toute votre fupériorité, je fçai que je ne fuis pas digne de votre alliance; mais fi l'amour le plus tendre & le plus refpectueux, le defir le plus vif de rendre heureufe votre aimable fille pouvoient me tenir lieu d'une Nobleffe plus ancienne: fi l'honneur, la probité, mon dévouement pour vous... Dans ce moment *Julie* s'étoit approchée, elle avoit entendu ce que difoit *Valaincourt*, & fa confufion expliqua tout ce myftere. *Valaincourt* étoit tourné de façon qu'il ne voyoit point encore *Julie*, mais le pere n'écoutoit déjà plus *Valaincourt*. Il jetta fur elle un regard qui la fit tomber à fes pieds. *Valaincourt* interrompu par ce mouvement regardoit la fille & le pere, fans pouvoir comprendre ce qui occafionnoit une fcène fi touchante; il ne fçavoit que penfer ni que dire. *Julie* les yeux baiffés vers la terre laiffoit couler fes pleurs & gardoit le filence. Le pere furieux ne pouvoit parler. Enfin recouvrant la parole: fille indigne de moi & de mes Ayeux, dit-il, vous avez donc voulu tromper votre pere? ce que

vous m'avez dit de la naissance de votre Amant n'est
donc qu'une fable ? Ah ! mon pere, répondit *Julie*, je
suis criminelle, mais..... mais j'aimois *Valaincourt*.
Quoi, *Julie* ! s'écria *Valaincourt*, c'est pour moi que
vous êtes coupable ! — Pardonnez, Monsieur, continua-
t-il en se mettant à genoux à côté de *Julie*, pardonnez
une faute que l'amour a fait commettre, & qu'ainsi nous
partageons. Permettez-moi d'aimer votre fille ; ses graces, son esprit, la beauté de son ame aussi bien que sa
naissance l'élevent fort au dessus de moi ; elle mérite un
trône .... mais un Roi ne seroit pas plus tendre ; jamais
elle ne trouvera tant d'amour que dans mon cœur ; jamais ses perfections ne seront mieux adorées. Encore
une fois, permettez que je l'aime, que je la voie, que
je vous voie, & votre propre jugement décidera de mon
sort. *Renaud de Montauban* ! dit le pere, sans paroître
l'avoir entendu. Depuis combien d'années votre famille
a-t-elle ses titres de Noblesse ? *Valaincourt* ne répondoit
rien : parlez, lui dit *Julie*, soyez plus sincere & plus gé-
néreux que moi. — Depuis trente-cinq ans. — Trente-cinq
ans ! Et je donnerois ma fille !.... Allez, Mademoiselle,
allez pleurer votre honte, & ne reparoissez pas devant
moi : & vous, Monsieur, qu'on ne vous revoie plus ici.
Otez-vous à l'instant de mes yeux, dit-il à *Julie*, qui
continuoit à pleurer à genoux : aurois-je cru que vous
pussiez oublier jusques-là votre origine ? Vous méritez
bien peu d'être née ce que vous êtes. Sans doute, dit
Valaincourt en aidant *Julie* à se relever, elle ne méri-
toit pas un pere tel que vous. Il en auroit dit davantage, si un regard de *Julie* ne lui eût imposé silence ; &

comme elle prenoit en pleurant le chemin du château, l'Amant désespéré s'éloigna en maudissant son sort & la Noblesse. Pour le Baron *d'Arnonville*, outré, indigné, ne pouvant marcher tant il étoit ému, il s'assit sur le même banc où quelques momens plus tôt lisoit & rêvoit paisiblement *Julie*. Ayant fait appeller sa ménagere par un ouvrier qui travailloit dans le jardin, il lui apprit l'aventure en peu de mots, & lui ordonna de veiller à ce que *Julie* ne pût sortir de sa chambre, ni recevoir des nouvelles de son Amant. Cette Vieille qui étoit une des archives du château, & qui depuis une enfance très-reculée n'entendoit & ne voyoit que les folies de ses maîtres, étoit presque aussi chaude sur la Noblesse que le Baron : elle entra de tout son cœur dans son ressentiment, & courut enfermer & haranguer sa jeune maîtresse. *Julie*, quoique naturellement douce, s'indigna d'un traitement si dur, & lorsque la Vieille ayant expliqué sa commission commença à dire : pour une Demoiselle de votre rang.... Taisez-vous, lui dit-elle, j'ai assez entendu de ces extravagances ; enfermez-moi, mais sortez. Le Baron resté seul sur le banc disoit : un petit Noble de nouvelle date présume de s'allier à moi, & ma fille l'écoute ! D'un côté quelle audace ! de l'autre quelle lâcheté ! Il dit cela tout seul jusqu'à la nuit tombante, il le dit ensuite à son fils, il le dit la nuit dans son rêve, & le lendemain faisant le tour de ses portraits il crut y voir le reproche & l'indignation. Le troisieme jour le vent ayant abattu une partie du pigeonnier, & la girouette où étoient gravées les armes *d'Arnonville* étant tombée à ses yeux du haut de la tour dans un fossé bourbeux, son esprit fut saisi des plus vives craintes. Il se coucha l'imagination frappée de ces effrayans augures, & à peine le sommeil eut versé sur lui ses pavots qu'il vit les mânes de ses Ancêtres armés de pied en cape s'approcher de son lit d'un air consterné. Le Baron s'éveillant en sursaut les pria d'apparoître à sa fille, mais les Ombres antiques n'en firent rien. *Julie* ayant reçu sur le soir un billet de *Valaincourt* dormoit tranquillement; ses songes étoient l'ouvrage de l'amour & de l'espérance. *Valaincourt* s'étoit adressé, pour lui faire tenir ce billet, à la fille du jardinier que l'affabilité de *Julie* lui avoit attachée. Cette fille se chargea volontiers de la commission, & demanda à la vieille geolière la permission de porter elle-même des fruits à *Julie*. Mademoiselle *du Tour* qui n'étoit au fond pas méchante, & à qui le chagrin de sa maîtresse commençoit à inspirer de la pitié, y consentit; & la jeune fille après avoir un peu causé avec *Julie* lui dit tout bas qu'au fond du panier de fruits elle trouveroit une lettre. *Julie* ne fut pas plus tôt seule qu'elle l'ouvrit, & voici ce qu'elle lut. ,, Belle, & tendre *Julie*, puisque vous ,, connoissez l'amour il seroit inutile de vous dire ce ,, que je sens & ce que je souffre; & d'ailleurs com- ,, ment ma plume pourroit-elle l'exprimer? Mon dessein ,, est de vous assurer qu'il n'est rien que je n'entrepren- ,, ne, rien que je ne hazarde pour vous tirer des mains ,, cruelles qui nous séparent.... Pourriez-vous n'y ,, pas consentir, *Julie*? Pourriez-vous adopter une ,, ridicule prévention? Si je le croyois.... si je cro- ,, yois que vous pussiez vous repentir un instant, si ,, vous pouviez être moins heureuse.... Dieu m'est té-

„ moin que je renoncerois à tout mon bonheur pour
„ vous épargner un regret..... Dites, Mademoiselle,
„ craignez-vous les regrets ? Ma naiffance.... Pardon,
„ *Julie*, vous m'aimez & j'ofe foupçonner votre cœur !
„ Jugeriez-vous indigne de votre main celui que vous
„ ne jugez pas indigne de votre tendreffe ? N'eft-ce pas
„ pour moi que vous fouffrez ?.... Fiez-vous-en à mon
„ amour, charmante *Julie*, nous ne fouffrirons pas long-
„ tems. ”

Julie l'en crut fans trop fçavoir pourquoi : elle lut,
elle relut le charmant billet ; & en le lifant, l'efpoir, la
gaîté même renaiffoient dans fon cœur. Elle mangea,
elle dormit, le lendemain elle reprit fon ouvrage & fa
peinture. Mademoifelle *du Tour* la trouva douce & af-
fable comme auparavant, & enfin elle eut le plaifir de
haranguer fans être interrompue. Le jour fuivant la petite
fille revint avec fa corbeille pendant que Mademoifelle
du Tour difoit : de la naiffance dont vous êtes, vous
pouvez afpirer aux partis les plus nobles. Cela fe
peut bien, répondit en fouriant *Julie*. Mademoifelle
du Tour, ignorant la vertu fecrette de la corbeille,
crut voir dans fa gaîté une preuve de ce qu'elle avoit
autrefois éprouvé elle-même, que rien ne confole
mieux d'un Amant que l'idée d'un autre Amant. Elle
continua donc à lui dire : votre mari fera grand Seigneur ; vous aurez un grand château, & vous ferez bien
contente. Cela fe pourroit bien, dit *Julie* d'un air encore plus riant & plus doux. Mademoifelle *du Tour*
fe croyant bien avancée, fortit en s'applaudiffant pour
dire au Baron qu'il n'y avoit qu'à la laiffer faire, & que
dans deux jours *Julie* auroit oublié fon Amant. Mais

elle ne trouva perſonne à qui communiquer ſon art &
ſa joie. Le Baron étoit ſorti pour ſe diſtraire, & fit
dire qu'il ne reviendroit que le lendemain. *Julie* ſe
hâta de profiter de l'abſence de la Gouvernante pour
lire la Lettre de *Valaincourt*. Il lui diſoit, qu'ayant
tout examiné, il jugeoit ſon évaſion facile ; que ſa fenêtre
étoit baſſe ; que cet endroit du foſſé étoit preſque com-
blé ; qu'il l'attendroit dans l'avenue à l'entrée de la
nuit, & qu'une voiture légere pourroit les mener avant
le jour dans une ville peu éloignée , où ils ſe jure-
roient un amour inviolable au pié de l'autel. „ Je ne
„ doute plus de mon bonheur, continuoit - il, puiſqu'il
„ dépend de vous, chere *Julie*; ce ſeroit vous faire
„ injure. L'amour vous donne à moi, ſes droits ſont
„ ſacrés. A minuit, quand la lune commencera à dis-
„ ſiper les ténèbres, quittez la triſte priſon où le bar-
„ bare préjugé vous retient, & que l'amour vous con-
„ duiſe dans les bras de votre Amant. Je ne demande
„ point de réponſe: vous m'avez dit que vous m'ai-
„ miez, c'étoit tout me promettre. A minuit, *Julie.*
„ ... quels momens ! quels plaiſirs ! " *Julie* laiſſa tomber la Lettre & reſta quelques momens immobile. Un
ſentiment mêlé de ſurpriſe & de joie, tel que le fait
naître l'apparition imprévue d'un objet agréable , mais
tout nouveau, tint quelque tems ſes penſées comme ſus-
pendues. Un enlevement ! Ce ſoir même quitter la
maiſon de ſon pere & ſe donner à *Valaincourt !* *Julie*
ſe leva enfin, & ſans s'avouer ſes intentions elle ouvrit
ſa fenêtre , & regarda ſi effectivement il étoit ſi facile d'en
ſortir. Voyant que de ce côté-là il n'y avoit rien d'impoſſi-
ble, elle releva la Lettre & la lut encore une fois. Il

eſt vrai, dit - elle, que le préjugé qui me retient ici eſt auſſi barbare qu'extravagant. Il eſt vrai que j'ai dit que je l'aime. *Valaincourt* ne doute pas de mon conſente-ment, ce ſeroit, dit-il, m'offenſer; je ſuis à lui, il m'at-tendra.... Le même ton d'autorité qui rend un mari ſi odieux, combien n'eſt-il pas favorable à un Amant? Avec le même art que l'on élude les droits de l'un, par-ce qu'on les hait, on groſſit les droits de l'autre, parce qu'on les aime. On ne veut plus de ſa liberté lorſqu'il faudroit l'employer contre le penchant. Si *Valaincourt* eût ſupplié, s'il eût demandé un conſentement, comme doutant de l'obtenir, peut-être *Julie* n'eût oſé ſe ren-dre: mais *Valaincourt* exigea, & *Julie* ne crut pas pou-voir déſobéir. *Valaincourt* eût eu ſans doute aſſez de peine à expliquer ces droits ſacrés de l'amour qu'il ré-clamoit avec tant d'aſſurance. Mais *Julie* ne deman-doit point d'explication, point de preuves; elle l'en crut ſur ſa parole, & elle penſa être déterminée moins par ſa paſſion que par un certain devoir inviolable que pour-tant elle ne comprenoit pas. La voilà donc preſque ré-ſolue, elle verſe des larmes en penſant au pere qu'elle abandonne, à ce ſéjour qui la vit naître, & qu'elle va quitter; mais elle penſe à ſon Amant & ſes pleurs ſe ſechent. Je ſerai donc, s'écrie-t-elle, je ſerai donc à lui pour jamais! Alors elle retourne à la fenêtre, & exami-nant avec plus d'attention, elle voit que préciſément à l'endroit où il faudroit deſcendre, il y avoit un creux où l'eau de la pluie qui étoit tombée ce jour-là s'étoit arrêtée. Il falloit combler ce creux; de quoi ſe ſervir? *Julie* regarde autour d'elle, & voyant les portraits de ſes Ayeux : vous me rendrez, dit-elle, au moins ce ſervice, & elle ſauta auſſi-tôt en riant ſur une chaiſe pour dépendre *Jean-François-Alexandre d'Arnonville.* Comme elle le tenoit, montée encore ſur la chaiſe, Mademoiſelle *du Tour* entra. Que faites-vous, Mademoiſelle ? Ma Bonne..... ma Bonne, ne ferois-je pas bien d'envoyer ce portrait chez le peintre ? Si j'épouſe, comme vous le croyez, le Seigneur d'un vieux château, je voudrois y mettre le premier Baron de la Famille. Mademoiſelle *du Tour* ne déſapprouva pas, comme on peut croire, cette idée, & en prit occaſion de diſcourir très-longue-ment ſur le néant des plaiſirs de l'amour, & la ſolidité des avantages de la Nobleſſe.

QUAND la ménagere fut ſortie, *Julie* fit un paquet de ce qu'elle avoit de plus précieux, & comme le jour commençoit à baiſſer elle ſe mit à préparer ſa fuite. Le grand-pere fut jetté dans le foſſé, & celui-là ne ſuf-fiſant pas, fut ſuivi d'un ſecond, & puis d'un troiſieme. Jamais *Julie* n'auroit cru qu'on pût tirer ſi bon parti des grands-peres. Ce nouvel uſage la divertiſſoit, cependant elle étoit fort agitée ; & ſi d'un côté ſon cœur ſe délectoit dans l'eſpoir d'être à ſon Amant, de l'autre il ſaignoit pour ſon pere. Ah ! que les principes d'une bonne éducation euſſent été puiſſans ſur une ame natu-rellement vertueuſe, & encore incertaine ! Mais les argumens pour le devoir, qu'avoit toujours employés le pere, étoient encore moins ſolides que ceux de l'Amant pour l'amour.

LA petite fille vint chercher ſon panier. Ne ſachant pas le contenu des Lettres qu'elle avoit portées, & croyant qu'une réponfe de *Julie* feroit grand plaifir à *Valain-court*, elle demanda fi elle ne lui donnoit point d'or-dres. *Julie* héfita ; c'étoit le moment de détruire les efpérances de *Valaincourt*, elle pâlit, elle rougit : non, dit - elle enfin d'une voix tremblante, & puis elle fit un préfent à la fille du jardinier.

Julie acheva de préparer fa fortie jufqu'à ce que la ménagere vint lui porter à fouper. Elle fe coucha en-fuite pour qu'on ne foupçonnât rien. Lorfque tout fut endormi, elle fe releva. Elle s'habilla à la hâte, & lé-gérement, fans lumiere, & par conféquent fans miroir : elle penfoit bien que *Valaincourt* ne s'amuferoit pas à. contempler fon ajuftement. La lune paroît, la fenêtre s'ouvre, minuit fonne, *Julie* jette le paquet, elle mon-te fur la fenêtre, elle redefcend, elle monte encore, quelque chofe la retient, elle croit entendre fon pere : mais que lui dit-il pour l'arrêter ? Il lui parle de fon nom, de fa naiffance, de l'honneur de fon origine qu'elle avoit à foutenir. *Julie* trouva que tout cela ne faifoit rien à l'affaire, & qu'en renonçant à la Nobleffe, il lui devenoit fans doute permis de fe faire enlever. L'amour lui pré-fente des motifs moins foibles, il la détermine, & *Julie* faute leftement fur le vifage d'un de fes Ancêtres qui fe rompt fous fes pieds. Le bruit éveilla la ménagere qui ne couchoit pas loin de là, mais penfant que c'étoit quelqu'un de ces Efprits qui honorent fréquemment de leurs vifites les anciens châteaux, elle fe contenta de dire un *Ave Maria* en s'enfonçant dans fes couffins, & cette fois les Revenans furent bons à quelque chofe.

Julie s'avance à travers des ruines, elle entre dans

la cour, un chien s'éveille, mais il ne trahit point l'aimable maîtreffe qui l'a careffé tant de fois. Elle veut fortir par une petite porte qui malheureufement étoit fermée, elle revient fur fes pas en tremblant : Dieux ! que deviendrai-je, dit-elle, fi je ne trouve point d'iffue ! Un vieux petit mur la lui fermoit, elle effaie de monter deffus. Les briques étoient ufées depuis fi longtems qu'elles fe féparerent fans peine. *Julie* paffe en béniffant cette fois l'ancienneté. La voilà dans l'avenue, la voilà avec fon Amant : ne nous mettons point en peine de ce qu'ils devinrent.

L E lendemain quand on porta la terrible nouvelle au vieux Baron, il tomba fans connoiffance. En revenant à lui après bien du tems, & des drogues, il difoit d'une voix prefque éteinte : un nouveau Noble ! ô mes Ancêtres ! ô mon Sang ! Eternel opprobre ! On craignoit qu'il ne mourût de douleur. Envain un homme raifonnable qui fe trouvoit là par hafard lui repréfentoit que la Nobleffe étoit un préjugé pour le mérite, & qu'un mérite reconnu, comme celui de *Valaincourt*, n'avoit plus befoin de préjugé ; qu'on ne peut jamais s'attribuer le mérite d'autrui ; & que, quand on le pourroit, un Noble ne s'en trouveroit fouvent pas plus qu'un autre ; que l'Empereur qui a donné les titres peut avoir été un malhonnête homme, ou un fot..... Ce difcours blafphématoire fut interrompu par une pamoifon plus longue encore que la premiere. C'en étoit fait, je penfe, du Baron, fi une Lettre bien confolante ne l'eût rappellé à la vie. Le fort le dédommageoit de l'acquifition d'un Gendre riche, beau, & tout aimable, en lui offrant la bru la plus déſagréable qu'on puiſſe imaginer. Il accepta avec joie cette compenſation, il rendit graces au ciel, & admira la ſageſſe de la Providence qui diſpenſe avec égalité les biens & les maux. Il n'eſt pas beſoin de dire que la Demoiſelle étoit complettement Noble ; on n'envoyoit pas ſon portrait, mais ſon arbre généalogique, & il étoit tel que le pere n'hérita pas. Le fils avoit oüi dire qu'elle étoit louche & boſſue ; mais l'honneur de joindre ſes Armes & ſes Quartiers aux ſiens le fit paſſer ſur tous les déſagrémens du reſte. Le mariage fut donc bientôt réſolu. *Julie* en ayant appris la nouvelle s'informa du jour des nôces. A la fin du repas le pere *d'Arnonville*, rappellant la vigueur de ſes jeunes ans, célébra par vingt raſades une union ſi bien aſſortie. Lorſque le vin commençoit à confondre dans ſa tête l'ancienne & la nouvelle Nobleſſe, *Valaincourt* & *Julie* entrerent dans la ſalle, & ſe jetterent à ſes piés. Ayant perdu une partie de ce qu'il appelloit ſa raiſon, il ne ſentit que ſa tendreſſe, & pardonna. *Julie* fut heureuſe, & ſes Fils ne furent point Chevaliers de Malte.

F I N.